野菜はスープとみそ汁でとればいい

Contents

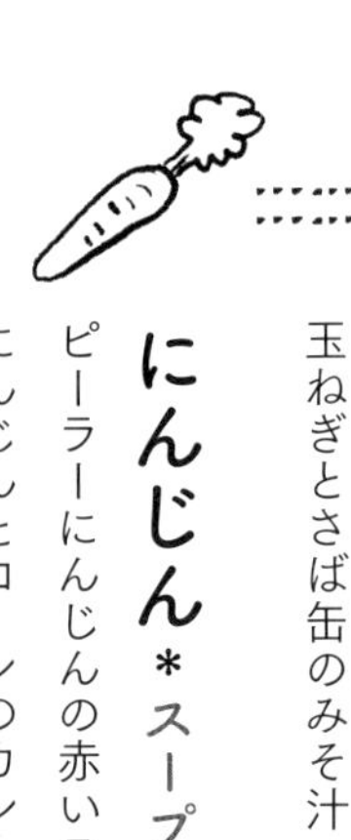

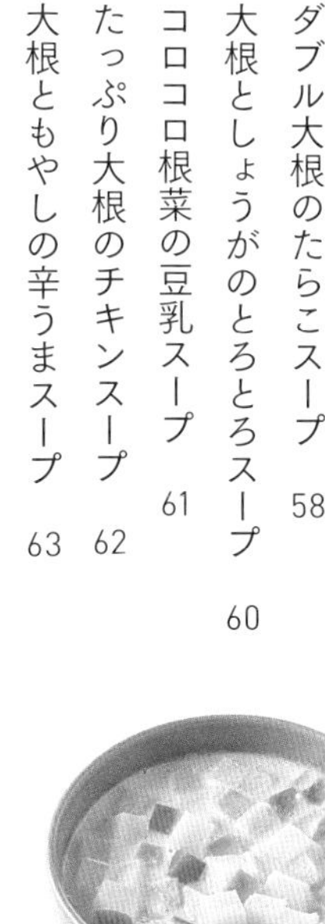

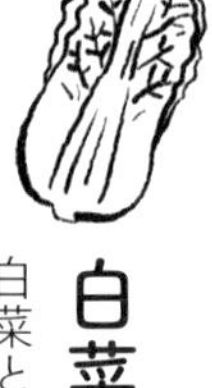
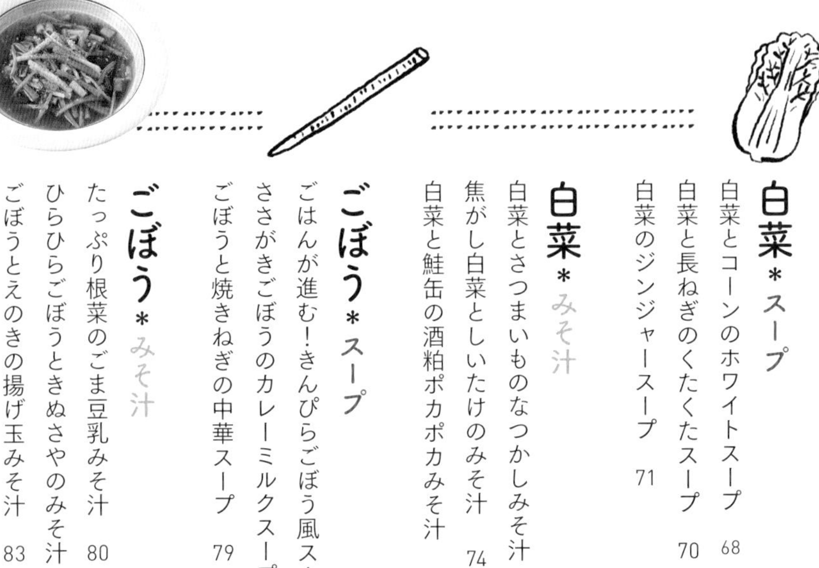
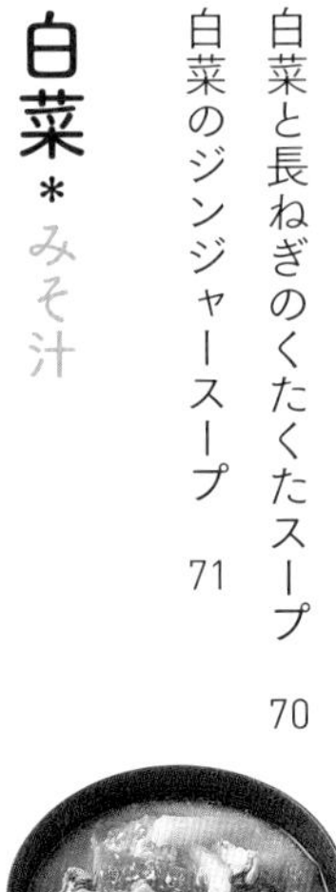

野菜の副菜でもう迷わない!!
毎日の野菜はスープとみそ汁でとる

なす1.5本分

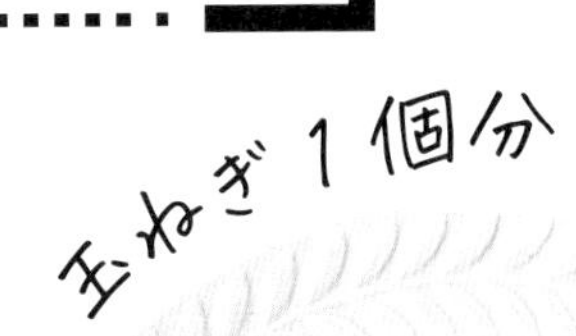

野菜の副菜は作らなくてOK

「主菜は決まったけど、野菜のおかずはどうしよう?」と献立に悩む人も多いはず。ましてや時間がなくて忙しいときに考えるのはすごく大変！　そんなときは「野菜はスープとみそ汁でとる!」と決めちゃいましょう。本書ではたっぷり２人分で、使う食材の数は少ないのに**１杯食べるだけで野菜がたっぷりとれるボリューム満点レシピ**を厳選。わざわざ野菜の副菜を作らなくても大丈夫です。お弁当ならスープジャーに入れて持っていけば、アツアツが食べられます。

野菜の下ゆでや水きりも必要なし！鍋でさっと煮るだけ！

スープやみそ汁だから、面倒な野菜の下ゆでや水きりもいっさい必要ありません。とにかく野菜を切ったら、基本は鍋でさっと煮るだけ！　10分くらいでできるので、思い立ったらすぐ作れます。**これにお肉や魚を焼けば、あれこれ考えなくてもバランスのよい献立が完成！**

サラダより野菜がたっぷりとれる

加熱することにより野菜のかさがグンと減るので、生野菜のサラダよりたっぷり食べられます。またスープやみそ汁にすれば、**煮汁に溶け出した野菜の栄養もまるごと逃さずとれる**ので、ムダがありません。おなかもいっぱいになり、体もじんわり温まります。

基本のレシピを覚えたら お好みの野菜でアレンジして！

本書のレシピは玉ねぎ、にんじん、キャベツ、大根など、どこのスーパーでも手に入りやすい野菜でかんたんにおいしく作れるように工夫しています。基本のレシピを覚えたら、あとはお好みの野菜でアレンジしてもOK！　また冷蔵庫に中途ハンパに眠っている野菜があれば、一緒に使いきっちゃいましょう。

あると便利な冷凍野菜キット

必要な分だけ取り出して使える冷凍野菜キット。
使うときは凍ったまま鍋に入れて一緒に煮るだけ！
チャック付き保存袋に入れて密閉し、冷凍庫で2週間保存可能です。

根菜ミックス

にんじん、ごぼうの冷凍野菜キット。どちらも細切りにし、ごぼうだけ水にさらして水けをきる。

定番野菜ミックス

玉ねぎ、キャベツ、にんじんの冷凍野菜キット。玉ねぎはくし形切り、キャベツはざく切り、にんじんは薄い半月切りにする。

ほうれん草＆長ねぎミックス

青菜の冷凍野菜キット。ほうれん草はさっと塩ゆでして水けを絞り、4cm長さに切る。長ねぎは斜め薄切り、油揚げは油抜きをして短冊切りにする。

きのこミックス

マッシュルーム、しめじ、エリンギの冷凍きのこキット。すべて石づきを取り除き、食べやすい大きさに切る。しいたけやえのきたけ、まいたけでもOK！

味が決まるスープの素やだしの素を賢く活用！

本書では手軽に作れるように、洋風スープならコンソメやチキンスープの素、和風スープなら顆粒和風だしの素、中華や韓国風スープなら鶏ガラスープの素を使っています。みそ汁のだしはかつおや昆布、煮干しで取ってもいいですが、だしパックならより手軽に作れます。

コンソメスープの素

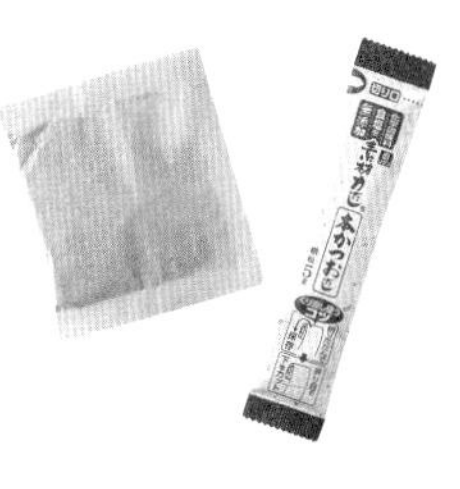

顆粒和風だしの素とだしパック

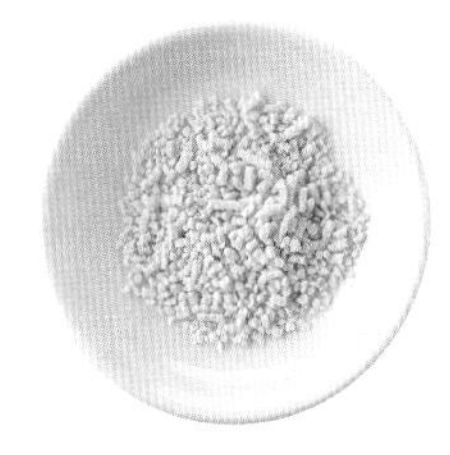

鶏ガラスープの素

甘口のみそ

辛口のみそ

熟成が進んだみそ

みそはお好みものでOK！使い分けて味の違いを楽しんでも！

全国にはさまざまなみそがあり、「この食材にはこのみそ!」という縛りはまったくありません。本書では３種類のみそを単独で使ったり、２種類のみそを混ぜて使ったりしています。一緒に煮る野菜やその日の気分、体調に合わせて使い分けると作るのも食べるのも楽しくなります。みそによって塩分濃度が異なるので最後に味を確認してください。濃ければ水を足して調整してください。

この本の使い方

使う野菜の量と切り方

スープやみそ汁に使う野菜の量と切り方がひと目でわかるように示しています。

ひらひらの大根で大量消費！

大根 スープ

プチプチのたらこも主役！

「ダブル大根のたらこスープ」

材料

大根 … 8cm（約350g）
かいわれ菜 … ½パック
甘塩たらこ … ½腹（70g）
にんにく（チューブ）… 4cm
サラダ油 … 大さじ½
A ｜水 … 3カップ
　｜鶏ガラスープの素 … 小さじ2
しょうゆ … 小さじ2

作り方

1. 大根はピーラーでリボン状に薄切りにする。かいわれ菜は根元を切り落とし、半分に切る。たらこは薄皮から身をこそげ出す。
2. 鍋にサラダ油を中火で熱し、にんにく、たらこを炒める。たらこに火が通ったらAを加え、煮立ったら大根を加えてふたをして3～4分煮る。しょうゆで味をととのえ、かいわれ菜を加えてひと煮立ちしたら火を止める。

58

材料の分量

1杯で野菜がたっぷりとれるように、普通の2人分より多めの分量です。

この本のきまりごと・注意事項

＊大さじ1＝15mℓ、小さじ1＝5mℓ、1カップ＝200mℓです。ひとつまみは親指、人さし指、中指の3本でつまんだ分量で小さじ1/6～1/5程度、少々は親指、人さし指2本でつまんだ分量で、小さじ1/6未満です。
＊特に記載がない場合は、しょうゆは濃口しょうゆ、塩は自然塩、砂糖はきび砂糖（上白糖でも可）、酒は純米酒、みりんは本みりん、酢は米酢（または穀物酢）、みそはお好みのみそ、オリーブオイルはエクストラバージンオイル、バターは有塩バター、生クリームは動物性で乳脂肪分40%以上のものを使用しています。
＊だし汁はかつおや昆布、煮干しでとったもの、だしパックでとったもの、市販のインスタントだしを表示通りに溶かしたもの、お好みのものをお使いください。
＊野菜類で特に記載がない場合は、洗う、皮をむく、へたと種を除くなどの下処理をすませてからの手順で説明しています。
＊火加減で特に記載がない場合は中火ですが、様子をみながら調整してください。
＊鍋は直径18～20cm、深めのフライパンは直径20～22cmを使用しています。
＊電子レンジの加熱時間で特に表示がない場合、600Wで算出しています。500Wの場合はその1.2倍、700Wの場合はその0.8倍で加減してください。機種によって加熱具合が異なる場合がありますので、様子をみながら調理してください。
＊スープジャーは朝作って、お昼に食べることを想定しています。作ってから6時間以内に食べきるようにしてください。時間が経ちすぎると保温効果が薄れて冷めたり、食材が傷む場合があります。
＊P.116-123のスープジャーは、具材がわかりやすいように少し多めに入れて撮影しています。量が多すぎるとふたをしたときにあふれたり、漏れたりする可能性があります。ジャー本体の取扱説明書に従って、入れすぎないように注意してください。

使いやすい素材別！

野菜たっぷり！スープ＆みそ汁

「野菜はスープかみそ汁でとる」と決めてしまえば、「野菜おかずを作るのが面倒」「献立に野菜が足りない」という悩みがスッキリ解消！味も定番のものから、「みそクリーム」「ごま豆乳風味」「しょうがたっぷり」など、おいしくて飽きのこない絶妙なものばかり！　晩ごはんはもちろん、お弁当にも使えるのでぜひ参考にしてください。

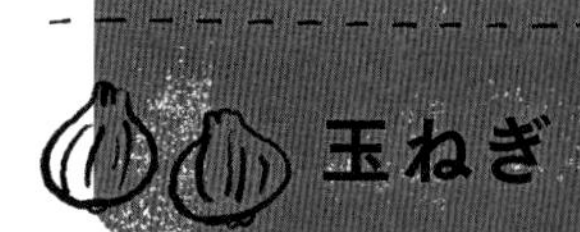

焼くことで甘みとコクが出る！

「こんがり玉ねぎのポトフ風」

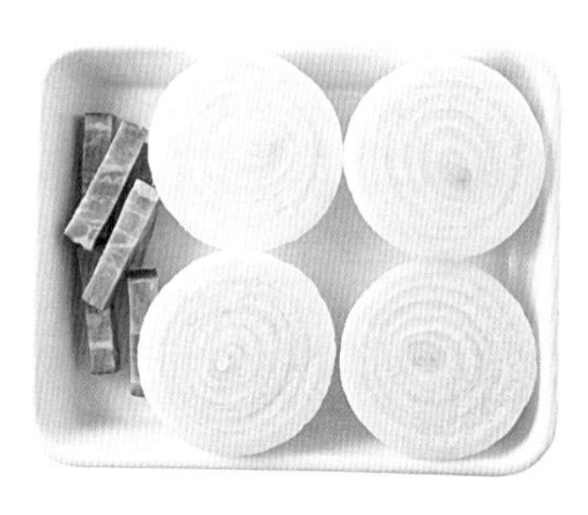

材料（たっぷり2人分）

玉ねぎ … 2個
ブロックベーコン … 50g
オリーブオイル … 大さじ½
A　水 … 2と½カップ
　　顆粒コンソメスープの素 … 大さじ1
塩、こしょう … 各適量

作り方

1. 玉ねぎは上下を少し切り落として横半分に切り、切り落とした側に十文字に浅く切り込みを入れる。ベーコンは1cm角の棒状に切る。
2. 深めのフライパンにオリーブオイルを強めの中火で熱し、玉ねぎの断面を下にして3分焼く。焼き色がついたら裏返し、2分焼く。ベーコンも空いているところで焼く。
3. Aを加えて煮立ったら、ふたをして弱めの中火で6～8分煮て、塩、こしょうで味をととのえる。器に盛り、お好みでパセリのみじん切りをちらす。

この1杯で、玉ねぎ1個分

「焼いたバゲットをのせても!

とろとろ玉ねぎのオニグラ風スープ」

材料（たっぷり2人分）

玉ねぎ … 1と½個
A バター … 10g
　にんにく（みじん切り） … 1かけ
B 水 … 3カップ
　顆粒コンソメスープの素 … 大さじ1
塩、粗びき黒こしょう … 各適量
溶けるチーズ（生食用）… 30g

作り方

1. 玉ねぎは繊維を断ち切るようにして薄切りにする。
2. 耐熱容器に1、Aを入れて混ぜ、ラップをかけずに電子レンジで6分加熱する（途中一度混ぜる）。
3. 鍋に2を入れて中火で熱し、少し色づくまで3〜4分炒める。Bを加えて煮立ったら、ふたをして弱めの中火で2〜3分煮て、塩で味をととのえる。器に盛り、熱いうちに溶けるチーズをのせ、粗びき黒こしょうをふる。

きのこはしいたけやえのきたけでもOK！

玉ねぎのじんわりしょうがスープ

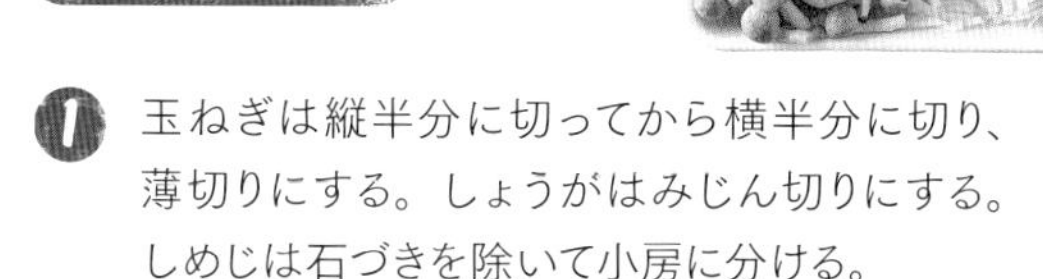

材料（たっぷり2人分）

玉ねぎ … 大1個
しょうが … 大1かけ
しめじ … 小1パック
サラダ油 … 小さじ1
A　水 … 3カップ
　　鶏ガラス　プの素 … 小さじ2
B　オイスターソース … 大さじ½
　　塩、こしょう … 各適量

作り方

1. 玉ねぎは縦半分に切ってから横半分に切り、薄切りにする。しょうがはみじん切りにする。しめじは石づきを除いて小房に分ける。
2. 鍋にサラダ油を中火で熱してしょうがを炒め、香りが出たら玉ねぎも炒める。玉ねぎがしんなりしてきたらA、しめじを加える。
3. 煮立ったらふたをして弱めの中火で3～4分煮て、Bで味をととのえる。器に盛り、お好みで小ねぎの小口切りをちらす。

食べるスープでおなかも大満足!

角切り玉ねぎの濃厚みそクリームスープ

材料(たっぷり2人分)

玉ねぎ … 1と½個
ブロッコリー … ½株
スライスベーコン … 2枚
サラダ油 … 大さじ½
A　水 … 1と½カップ
　　顆粒コンソメスープの素 … 小さじ1
牛乳、生クリーム … 各½カップ
みそ … 大さじ1と½

作り方

1. 玉ねぎは1cm角に切る。ブロッコリーは小さめの小房に分ける。ベーコンは1cm幅に切る。
2. 鍋にサラダ油を中火で熱し、ベーコン、玉ねぎを炒める。玉ねぎがしんなりしてきたら、Aを加える。
3. 煮立ったらブロッコリーを加え、ふたをして弱めの中火で3〜4分煮る。牛乳、生クリームを加えてみそを溶き入れ、温める。

「長ねぎは切り方を変えてムダなく使いきり！

焼き肉屋さんのねぎ塩玉ねぎスープ」

材料（たっぷり2人分）

玉ねぎ … 1と½個
長ねぎ … 1本
にんにく（チューブ）… 5㎝
ごま油 … 大さじ1
A｜水 … 3カップ
　｜鶏ガラスープの素 … 大さじ1
B｜いりごま（白）… 小さじ2
　｜しょうゆ … 大さじ½
　｜塩 … 適量

作り方

1. 玉ねぎは5㎜幅のくし形切りにする。長ねぎは半分を粗みじん切り、残りは小口切りにする。
2. 鍋にごま油を中火で熱し、にんにく、粗みじん切りした長ねぎ、玉ねぎを炒める。香りが出て全体がしんなりしてきたら、Aを加える。
3. 煮立ったらふたをして弱めの中火で3〜4分煮る。残りの長ねぎを加え、Bで味をととのえる。器に盛り、粗びき黒こしょうをふる。

さくさくの揚げ玉をトッピング！

「玉ねぎとオクラの揚げ玉みそ汁」

材料（たっぷり2人分）

玉ねぎ … 1と½個
オクラ … 4～5本
揚げ玉 … 大さじ3～4
だし汁 … 3カップ
みそ … 大さじ3

作り方

1. 玉ねぎは1cm角に切る。オクラは塩（分量外）をまぶして手でこすり合わせ、水で洗って小口切りにする。
2. 鍋にだし汁、玉ねぎを入れて中火にかける。煮立ったら4分ほど煮る。
3. みそを溶き入れ、オクラを加えてひと煮立ちしたら火を止める。器に盛り、揚げ玉をのせる。

ネバネバ食材を足して おなかも快調！

「さやいんげんの代わりにコーンでもOK！

玉ねぎとじゃがいもの バターみそ汁」

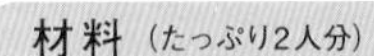

材料（たっぷり2人分）

玉ねぎ … 1と½個
じゃがいも … 1個
さやいんげん … 4本
だし汁 … 3カップ
みそ … 大さじ3
バター … 15g

作り方

1. じゃがいもは皮をむき、5㎜厚さの半月切りにし、水にさらす。玉ねぎは1cm幅のくし形切りにし、さやいんげんは3cm長さに切る。
2. 鍋にだし汁、じゃがいも、玉ねぎを入れて中火にかける。煮立ったらさやいんげんを加え、4～5分煮る。
3. みそを溶き入れ、ひと煮立ちしたら火を止める。器に盛り、バターをのせ、お好みで粗びき黒こしょうをふる。

深みとコクがハンパない!

「玉ねぎとキムチのうまみ濃厚みそ汁」

材料（たっぷり2人分）

玉ねぎ … 1と½個
白菜キムチ … 100g
卵 … 2個
だし汁 … 3カップ
みそ … 大さじ2

作り方

1. 玉ねぎは薄切りにする。
2. 鍋にだし汁、玉ねぎを入れて中火にかける。煮立ったら白菜キムチを加え、4分ほど煮る。
3. 卵を静かに割り入れ、ふたをして2～4分煮る。みそを溶き入れ、ひと煮立ちしたら火を止める。

『まろやかでとろりとした食感に！

玉ねぎとアボカドのやみつきみそ汁』

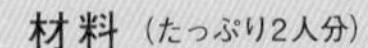

材料（たっぷり2人分）

玉ねぎ … 1と½個
アボカド … 1個
だし汁 … 3カップ
みそ … 大さじ3

作り方

1. 玉ねぎは1cm幅のくし形切りにする。アボカドは皮と種を除き、1.5cm角に切る。
2. 鍋にだし汁、玉ねぎを入れて中火にかけ、煮立ったら4分ほど煮る。
3. みそを溶き入れ、アボカドを加えてひと煮立ちしたら火を止める。

「うまみたっぷりのさば缶でだしいらず！

玉ねぎとさば缶のみそ汁」

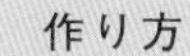

材料（たっぷり2人分）

玉ねぎ … 1と½個
さば水煮缶 … 1缶（200g）
小ねぎ … 2～3本
A 水 … 3カップ
　しょうが（チューブ）… 5cm
みそ … 大さじ2

作り方

1. 玉ねぎは横半分に切ってから薄切りにする。小ねぎは小口切りにする。さば缶は中身と缶汁を分けておく。
2. 鍋にA、さば缶の缶汁、玉ねぎを入れて中火にかけ、煮立ったら4分ほど煮る。
3. さば缶の中身を大きめにほぐして加え、みそを溶き入れる。ひと煮立ちしたら小ねぎを加え、火を止める。器に盛り、お好みで七味唐辛子をふる。

ピーラーにんじんの赤いスープ

手軽なトマトジュースで栄養プラス！

材料（2人分）

にんじん … 大1本
ハム … 2枚
にんにく … ½ かけ
オリーブオイル … 大さじ1と½
A 水、トマトジュース（無塩）… 各1と½ カップ
　顆粒コンソメスープの素 … 大さじ1
塩、こしょう … 各適量
粉チーズ … 大さじ2

作り方

1. にんじんはピーラーでリボン状に薄切りにする。ハムは半分に切って5㎜幅に切る。にんにくは粗みじん切りにする。
2. 鍋にオリーブオイル、にんにくを中火で熱し、香りが出たらにんじんを加えて2分ほど炒める。
3. ハム、Aを加えて煮立ったら、ふたをして弱めの中火で3～4分煮て、塩、こしょうで味をととのえる。器に盛って粉チーズをふり、お好みでパセリのみじん切りをちらす。

にんじん嫌いにも食べてほしい！

「ほんのりカレー風味がおいしい！

にんじんとコーンのカレーミルクスープ」

材料（たっぷり2人分）

にんじん … 2本
玉ねぎ … ½個
コーン（ホール）缶 … 大さじ4（50g）
バター … 10g
A｜カレー粉 … 小さじ1
　｜薄力粉 … 大さじ1
B｜水 … 1と½カップ
　｜顆粒コンソメスープの素 … 大さじ1
牛乳 … 1カップ
塩、こしょう … 各適量

作り方

1. にんじんは細切り、玉ねぎは横半分に切ってから薄切りにする。コーン缶は缶汁をきる。
2. 鍋にバターを中火で熱し、にんじん、玉ねぎを炒める。しんなりしてきたら、Aを加えて粉っぽさがなくなるまで炒める。
3. Bを加えて煮立ったら、ふたをして弱めの中火で2分ほど煮る。コーン、牛乳を加えて温め、塩、こしょうで味をととのえる。

「トッピングは溶けるチーズでも◎。

にんじんのとろ〜りチーズスープ」

材料（たっぷり2人分）

にんじん … 1本
玉ねぎ … ½ 個
カマンベールチーズ … 3個
オリーブオイル … 大さじ ½
A ｜ 水 … 3カップ
　 ｜ 顆粒コンソメスープの素、しょうゆ … 各小さじ2

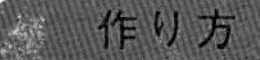

1. にんじんは3㎜厚さの輪切りにし、玉ねぎは薄切りにする。
2. 鍋にオリーブオイルを中火で熱し、**1**を炒める。全体がしんなりしてきたら**A**を加える。
3. 煮立ったらふたをして弱めの中火で2〜3分煮る。器に盛り、熱いうちにカマンベールチーズをちぎり入れ、お好みで粗びき黒こしょうをふる。

「ごま油と韓国のりで味わい豊か。

にんじんとにらの韓国風スープ」

材料（たっぷり2人分）

にんじん … 1本
にら … ½束
A
- 水 … 2と½カップ
- にんにく（チューブ）… 5cm
- 鶏ガラスープの素 … 小さじ2
- しょうゆ … 大さじ½

いりごま（白）… 大さじ1
ごま油 … 小さじ1
韓国のり … 1パック

作り方

1. にんじんは4cm長さの細切り、にらは3cm長さに切る。
2. 鍋にA、にんじんを入れて中火にかけ、煮立ったらにらも加え、2～3分煮る。
3. いりごまを加えてごま油をまわし入れ、火を止める。器に盛り、ちぎった韓国のりをのせる。

「和食にも洋食にもマッチ！

たっぷりにんじんのおかずスープ」

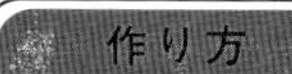

材料（たっぷり2人分）

にんじん … 1本
スナップエンドウ … 7～8本
A | 水 … 3カップ
　| 顆粒和風だしの素 … 小さじ1
B | しょうゆ … 大さじ1
　| 塩 … 小さじ¼
　| こしょう … 少々
かつお節 … 小1パック

作り方

1. にんじんは3㎜厚さの半月切りにする。スナップエンドウはへたと筋を取り、斜め3等分に切る。
2. 鍋にA、にんじんを入れて中火にかけ、煮立ったらスナップエンドウを加え、ふたをして2～3分煮る。
3. Bを加えてひと煮立ちしたら、火を止める。器に盛り、かつお節をのせる。

「にんじんとチンゲン菜のごまみそ汁」

つるんとしたなめこがこれまた合う！

材料（たっぷり2人分）

にんじん … 1本
チンゲン菜 … 2株
なめこ … ½ パック
だし汁 … 3カップ
みそ … 大さじ3
すりごま（白）… 大さじ2

作り方

1. にんじんはせん切りにする。チンゲン菜は葉をざく切り、茎は6～8つ割りにする。なめこはさっと洗う。
2. 鍋にだし汁、にんじんを入れて中火にかける。煮立ったらチンゲン菜の茎、葉、水けをきったなめこの順に加えて3～4分煮る。
3. みそを溶き入れてすりごまを加え、ひと煮立ちしたら火を止める。

ごまの風味で

野菜がグンとおいしくなる！

厚揚げの代わりに豆腐や油揚げでも◎。

にんじんと厚揚げのねぎみそ汁

材料（たっぷり2人分）

にんじん … 1本
長ねぎ … ½本
厚揚げ … 1枚(100g)
だし汁 … 3カップ
みそ … 大さじ3

作り方

1. にんじんは短冊切り、長ねぎは小口切りにする。厚揚げはペーパータオルで油をおさえ、縦半分に切ってから1cm幅に切る。
2. 鍋にだし汁、にんじん、厚揚げを入れて中火にかけ、煮立ったら3〜4分煮る。
3. みそを溶き入れ、長ねぎを加えてひと煮立ちしたら火を止める。

『卵はふわふわに火を通して！

にんじんのかき玉みそ汁』

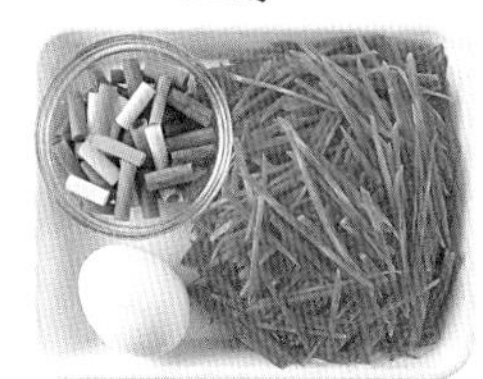

材料（たっぷり2人分）

にんじん … 1と½本
卵 … 1個
小ねぎ … 2～3本
だし汁 … 3カップ
みそ … 大さじ3

作り方

1. にんじんはせん切り、小ねぎは 2cm長さに切る。
2. 鍋にだし汁、にんじんを入れて中火にかけ、煮立ったら3～4分煮る。
3. みそを溶き入れて小ねぎを加え、ひと煮立ちする直前に溶き卵をまわし入れる。卵が浮いてきたら火を止める。

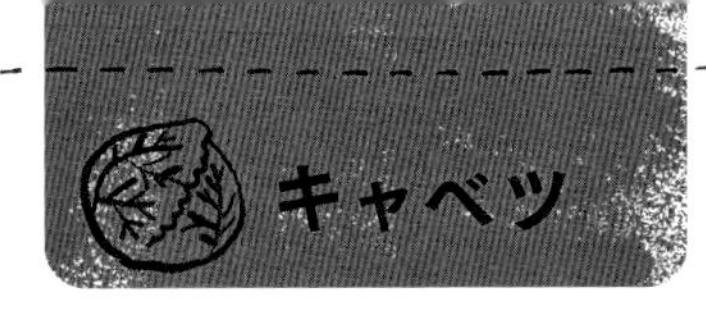

ひき肉をしっかり炒めれば臭みもなし。

ロールキャベツ風スープ

材料（たっぷり2人分）

キャベツ … ¼個
トマト … 1個
玉ねぎ … ½個
合いびき肉 … 100g
サラダ油 … 小さじ1
塩 … 小さじ⅓
A ｜ 水 … 2カップ
　｜ 顆粒コンソメスープの素 … 小さじ2
　｜ トマトケチャップ … 大さじ1と½
塩、こしょう … 各適量

作り方

1. キャベツは大きめのざく切り、トマトはざく切り、玉ねぎはくし形切りにする。
2. 鍋にサラダ油を中火で熱し、ひき肉を炒める。肉の色が変わったら、玉ねぎ、塩を加えてしんなりするまで炒める。
3. トマト、キャベツ、Aを加え、煮立ったらふたをして弱めの中火でときどき混ぜながら4～5分煮て、塩、こしょうで味をととのえる。

ざく切りキャベツを煮たらあの味！

キャベツの焼き色がおいしさの秘訣！

焼きキャベツのチキンスープ

材料（たっぷり2人分）

キャベツ … ¼個
ミニトマト … 4個
ウインナー … 2本
サラダ油 … 小さじ2
A　水 … 2と½カップ
　　固形チキンスープの素 … 1個
　　にんにく（チューブ）… 4cm
塩、こしょう … 各適量
バター … 10g

作り方

1. キャベツは2等分のくし形切りにし、爪楊枝を刺す。ウインナーは斜めに切り込みを入れる。
2. 深めのフライパンにサラダ油を中火で熱し、キャベツの両面に焼き色がつくまで焼く。空いているところでウインナーも焼く。
3. Aを加えて煮立ったら、ふたをして弱めの中火で5～6分煮る。ミニトマトを加え、塩、こしょうで味をととのえる。器に盛り、バターをのせる。

ごはんにかけてもおいしい！

細切りキャベツのサンラータン風

材料（たっぷり2人分）

キャベツ … ¼個
しいたけ … 2枚
卵 … 1個
ごま油 … 大さじ½
A | 水 … 3カップ
　| 鶏ガラスープの素 … 大さじ1
　| しょうゆ … 大さじ½
酢 … 大さじ2
水溶き片栗粉
　| 片栗粉、水 … 各小さじ2
ラー油 … 適量

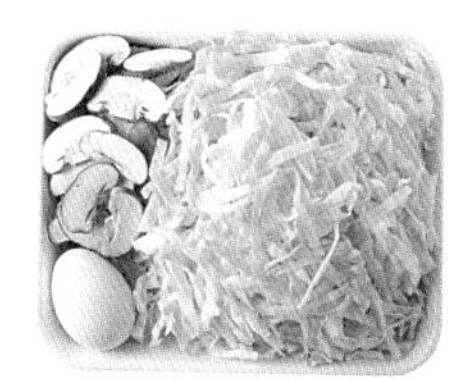

作り方

1. キャベツは細切り、しいたけは石づきを除いて薄切りにする。
2. 鍋にごま油を中火で熱し、1を炒める。全体がしんなりしてきたらAを加え、煮立ったらふたをして中火で3～4分煮る。
3. 酢を加えて水溶き片栗粉でとろみをつける。溶き卵を加え、卵が浮き上がってきたら混ぜ、火を止める。器に盛り、ラー油をたらす。

乾燥わかめでお手軽にボリュームアップ!

炒めキャベツの中華屋さんスープ

材料(たっぷり2人分)

キャベツ … ¼個
長ねぎ … ½本
カットわかめ(乾燥) … 4g
ごま油 … 大さじ½

A
水 … 3カップ
鶏ガラスープの素 … 大さじ1

B
オイスターソース … 大さじ½
いりごま(白) … 大さじ1

作り方

1. キャベツはざく切り、長ねぎは小口切りにする。
2. 鍋にごま油を中火で熱し、キャベツを炒める。少し焼き色がついたらAを加え、煮立ったらふたをして3～4分煮る。
3. B、カットわかめ、長ねぎを加え、ひと煮立ちしたら火を止める。

やさしい味わいに桜えびがぴったり！

キャベツと桜えびの甘酒スープ

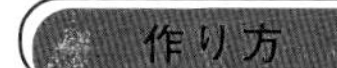

材料（たっぷり2人分）

キャベツ … ¼ 個
長ねぎ … ½ 本
桜えび（乾燥）… 3g
サラダ油 … 大さじ ½
A　だし汁 … 2 カップ
　　甘酒 … ½ カップ
B　しょうゆ … 大さじ 1
　　塩 … 小さじ⅓

作り方

1. キャベツはざく切り、長ねぎは斜め薄切りにする。
2. 鍋にサラダ油を中火で熱し、桜えびを炒める。香りが出たらキャベツ、長ねぎも加えて炒める。
3. 全体がしんなりしたら A を加え、煮立ったらふたをして 3 ～ 4 分煮て、B で味ととのえる。器に盛り、お好みで七味唐辛子をふる。

少ない材料でパパッとできる！

「キャベツとチキンの無限みそ汁」

材料（たっぷり2人分）

キャベツ … ¼個
サラダチキン（市販）… 100g
だし汁 … 3カップ
みそ … 大さじ3

作り方

1. キャベツはせん切りにする。サラダチキンは細かくさく。
2. 鍋にだし汁を入れて中火にかけ、煮立ったらキャベツを加えて4分ほど煮る。
3. みそを溶き入れ、サラダチキンを加えてひと煮立ちしたら火を止める。器に盛り、お好みで青のり粉をふる。

ふーわシャキの キャベツをたっぷり1/4個

『豆板醤＋豆乳で後を引くおいしさ！

キャベツの坦坦風豆乳みそ汁』

材料（たっぷり2人分）

キャベツ … ¼個
にら … ½束
ごま油 … 大さじ½
A｜豆板醤 … 小さじ1
　｜にんにく（チューブ）… 4cm
だし汁 … 2カップ
みそ … 大さじ2
無調整豆乳 … 1カップ

作り方

1. キャベツはざく切り、にらは3cm長さに切る。
2. 鍋にごま油、Aを中火で熱して炒め、香りが出たらキャベツを加えて炒め合わせる。
3. キャベツがしんなりしてきたらだし汁を加え、煮立ったらにらを加えて中火で2～3分煮る。みそを溶き入れて豆乳を加え、ひと煮立ちしたら火を止める。

キャベツ

ピリ辛のかいわれ菜がアクセント☆

「キャベツのしょうがチーズみそ汁」

材料（たっぷり2人分）

キャベツ … ¼個
かいわれ菜 … ½パック
だし汁 … 3カップ
しょうが（チューブ）… 4cm
みそ … 大さじ3
粉チーズ … 大さじ2

作り方

1. キャベツはざく切りにする。かいわれ菜は根元を切り落とし、2〜3等分に切る。
2. 鍋にだし汁を入れて中火にかけ、煮立ったらキャベツを加えて4分ほど煮る。
3. みそを溶き入れ、かいわれ菜、しょうがを加えてひと煮立ちしたら火を止める。器に盛り、粉チーズをふる。

小松菜とにんじんの豆乳中華スープ

お好みですりごまを加えてもOK!

材料（たっぷり2人分）

小松菜 … 4株（200g）
にんじん … ⅓本

A
- 水 … 1と½カップ
- 鶏ガラスープの素 … 小さじ2
- しょうが（チューブ）… 4cm

B
- 無調整豆乳 … 1と½カップ
- オイスターソース … 小さじ2

作り方

1. 小松菜は根元を切り落としてざく切り、にんじんは4cm長さの細切りにする。
2. 鍋にA、にんじんを入れて中火にかけ、煮立ったら小松菜を茎、葉の順に加え、ふたをして2～3分煮る。
3. Bを加えて温める。

緑黄色野菜がたっぷり
でいいことずくめ！

『辛うまスープでスタミナアップ！

小松菜と豆もやしのピリ辛スープ』

材料（たっぷり2人分）

小松菜 … 4株（200g）
豆もやし … ½袋（100g）
A | 水 … 3カップ
　| 鶏ガラスープの素 … 大さじ1
　| にんにく（チューブ）… 4cm
B | しょうゆ … 大さじ½
　| 塩、こしょう … 各適量
ラー油 … 大さじ½

作り方

1. 小松菜は根元を切り落として4cm長さに切る。豆もやしはひげ根を取る。
2. 鍋にAを入れて中火にかけ、煮立ったら豆もやし、小松菜の茎、葉の順に加え、ふたをして2〜3分煮る。
3. Bで味をととのえて器に盛り、ラー油をたらす。

下ゆで不要の小松菜で時短スープ。

小松菜とツナの洋風スープ

材料（たっぷり2人分）

小松菜 … 4株（200g）
玉ねぎ … ½個
ツナ油漬け缶 … 小1缶（70g）
A　水 … 3カップ
　　顆粒コンソメスープの素 … 大さじ1
塩、こしょう … 各適量

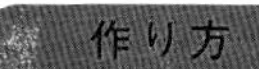

作り方

1. 小松菜は根元を切り落として1cm長さに切る。玉ねぎは薄切りにする。
2. 鍋にツナ缶を缶汁ごと入れて中火で熱し、1を炒める。全体に油がまわったら、Aを加えてふたをして2～3分煮る。塩、こしょうで味をととのえる。

『だしをきかせたあっさりカレー風味。

小松菜とえのきの和風カレースープ』

材料（たっぷり2人分）

小松菜 … 4株（200g）
えのきたけ … 小1パック
水 … 2と½カップ
A | めんつゆ（2倍濃縮）… 大さじ2と½
　| カレー粉 … 小さじ½
　| 塩、こしょう … 各適量
水溶き片栗粉
　| 片栗粉、水 … 各小さじ1

作り方

1. 小松菜は根元を切り落として4cm長さに切る。えのきたけは石づきを除き、長さを3等分に切ってほぐす。
2. 鍋に水、えのきたけを入れて中火にかけ、煮立ったら小松菜を茎、葉の順に加えて、ふたをして2～3分煮る。
3. Aで味をととのえ、水溶き片栗粉でとろみをつけ、火を止める。

ふわふわのはんぺんでボリュームアップ!

小松菜としめじのすまし汁

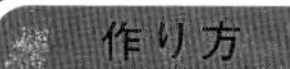

材料（たっぷり2人分）

小松菜 … 3株（150g）
しめじ … 小1パック
はんぺん … ½枚
水 … 3カップ
A | 顆粒和風だしの素 … 小さじ2
　| しょうゆ … 大さじ½

作り方

1. 小松菜は根元を切り落として3cm長さに切る。しめじは石づきを除き、小房に分ける。はんぺんは1cm角に切る。
2. 鍋に水、しめじを入れて中火にかけ、煮立ったら小松菜を茎、葉の順に加え、ふたをして2〜3分煮る。
3. はんぺんを加えてふくらんできたら、Aを加えて味をととのえる。

コクとうまみの深さがハンパない。

「小松菜とキムチの発酵みそ汁」

材料（たっぷり2人分）

小松菜 … 4 株（200g）
白菜キムチ … 100g
だし汁 … 3 カップ
みそ … 大さじ 2
溶けるチーズ（生食用）… 40g

作り方

1. 小松菜は根元を切り落として 3㎝長さに切る。白菜キムチは食べやすい大きさに切る。
2. 鍋にだし汁、白菜キムチを入れて中火にかけ、煮立ったら小松菜を茎、葉の順に加えてふたをして 2 〜 3 分煮る。
3. みそを溶き入れ、ひと煮立ちしたら火を止める。器に盛り、熱いうちに溶けるチーズをのせる。

ダブル発酵食品で体にうれしい！

ベーコンの塩けでおいしさアップ！

小松菜とコーンの洋風みそ汁

材料（たっぷり2人分）

小松菜 … 4 株（200g）
コーン（ホール）缶
… 大さじ 4（50g）
スライスベーコン … 2 枚
オリーブオイル … 大さじ ½
だし汁 … 3 カップ
みそ … 大さじ 2

作り方

1. 小松菜は根元を切り落として 3cm長さに切る。ベーコンは 1cm幅に切る。
2. 鍋にオリーブオイル、ベーコンを入れて中火で炒める。ベーコンがカリッとしてきたら、だし汁を加える。
3. 煮立ったら小松菜を茎、葉の順に加え、ふたをして 2 ～ 3 分煮る。缶汁をきったコーンを加えてみそを溶き入れ、ひと煮立ちしたら火を止める。

たっぷりのしょうがでじ〜んわり!

小松菜と長いものポカポカみそ汁

材料（たっぷり2人分）

小松菜 … 4 株（200g）
長いも … 5cm（150g）
しょうが … 大1かけ
だし汁 … 3 カップ
みそ … 大さじ 3

作り方

1. 小松菜は根元を切り落として 4cm長さに切る。長いもは皮をむき、いちょう切りにする。しょうがはせん切りにする。
2. 鍋にだし汁、長いも、しょうがを入れて中火にかけ、煮立ったら小松菜を茎、葉の順に加えてふたをして 3 〜 4 分煮る。
3. みそを溶き入れ、ひと煮立ちしたら火を止める。

納豆の濃厚な味わいがたまらない。

小松菜と納豆の温活みそ汁

材料（たっぷり2人分）

小松菜 … 4 株（200g）
長ねぎ … ½ 本
納豆 … 1 パック（40g）
だし汁 … 3 カップ
みそ … 大さじ 3

作り方

1. 小松菜は根元を切り落として 3cm長さに切る。長ねぎは斜め薄切りにする。
2. 鍋にだし汁を入れて中火にかけ、煮立ったら小松菜の茎、葉、長ねぎの順に加え、ふたをして 2 ～ 3 分煮る。
3. みそを溶き入れて納豆を加え、ひと煮立ちしたら火を止める。

チンゲン菜や水菜、春菊でもおすすめ！

小松菜と桜えびのみそ汁

材料（たっぷり2人分）

小松菜 … 4株（200g）
エリンギ … 1本
桜えび（乾燥）… 20g
水 … 3カップ
みそ … 大さじ3

作り方

1. 小松菜は根元を切り落として3cm長さに切る。エリンギは長さを半分に切り、縦に薄切りにする。
2. 鍋に桜えびを入れて中火にかけ、から煎りする。香りが出たら水を加えて中火にかける。
3. 煮立ったらエリンギ、小松菜を茎、葉の順に加え、ふたをして2～3分煮る。みそを溶き入れてひと煮立ちしたら火を止める。

スープとみそ汁をもっとおいしく！
ちょい足し食材＆調味料

たっぷりの野菜と一緒に煮たり、仕上げに加えることでいつもとは違ったおいしさが楽しめる、ちょい足し食材＆調味料をご紹介。お好みのものを選んで、スープとみそ汁のオリジナルレシピを増やしましょう。

辛みが増す

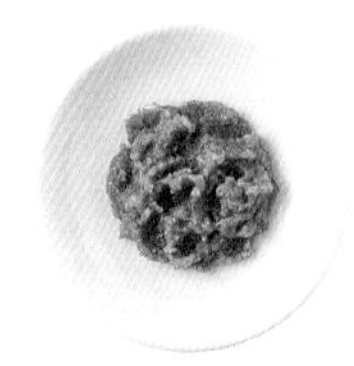

ゆずこしょう

香りが立ち、パンチが出る。

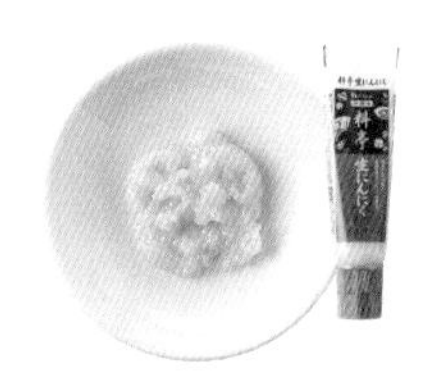

にんにく（チューブ）

やみつきの味わいに。

しょうが（チューブ）

じんわりしてポカポカに。

ラー油

辛みとコクが同時に増す。

粗びき黒こしょう

スパイシーで後を引く。

七味唐辛子

一味唐辛子でもＯＫ！

コクが増す

溶けるチーズ

トマト味にもみそ味にも合う！

オリーブオイル

少量たらすだけで味わいアップ！

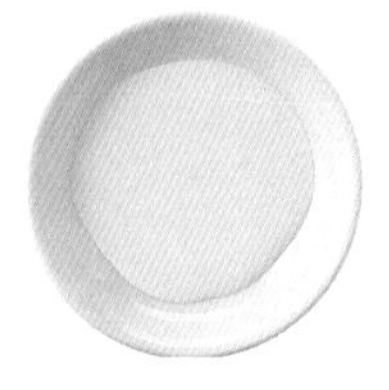

生クリーム

まろやかさがクセになる。

粉チーズ

深みが出てリッチな味わいに。

うまみや風味が増す

刻みのり

もみのり、韓国のりでも◎。

しらす

ちりめんじゃこでも。

いりごま（白）

白すりごまでも黒いり・すりごまでも。

青のり粉

香りが豊かで口どけがよい。

桜えび

だし代わりにもなる。

かつお節

すぐにうまみが出る最強食材。

アクセントになる

カリカリベーコン

ベーコン１枚をペーパータオルではさんでレンチン！　お好みの大きさに切って。

ナッツ類

ミルクや豆乳スープにマッチ！

クルトン

食パンを角切りにして
ラップをかけずにレンチン！

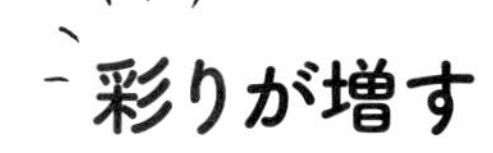

彩りが増す

小ねぎ

長ねぎや青じそもおすすめ。

パセリ

ドライパセリやバジルでも。

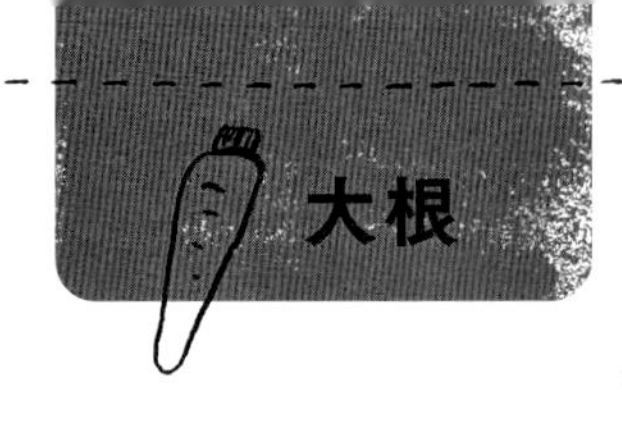

プチプチのたらこも主役！

「ダブル大根のたらこスープ」

材料（たっぷり2人分）

大根 … 8cm（約350g）
かいわれ菜 … ½パック
甘塩たらこ … ½腹（70g）
にんにく（チューブ）… 4cm
サラダ油 … 大さじ½
A｜水 … 3カップ
　｜鶏ガラスープの素 … 小さじ2
しょうゆ … 小さじ2

作り方

1. 大根はピーラーでリボン状に薄切りにする。かいわれ菜は根元を切り落とし、半分に切る。たらこは薄皮から身をこそげ出す。
2. 鍋にサラダ油を中火で熱し、にんにく、たらこを炒める。たらこに火が通ったらAを加え、煮立ったら大根を加えてふたをして3～4分煮る。しょうゆで味をととのえ、かいわれ菜を加えてひと煮立ちしたら火を止める。

ひらひらの大根で大量消費!

とろみをつけてアツアツをどうぞ!

大根としょうがのとろとろスープ

材料（たっぷり2人分）

大根 … 8cm（約350g）
しょうが … 大1かけ
卵 … 1個
小ねぎ … 2本
水 … 3カップ
A | めんつゆ（2倍濃縮）… 大さじ2
　| 塩 … 小さじ¼
水溶き片栗粉
　| 片栗粉、水 … 各小さじ2

作り方

1. 大根はいちょう切り、しょうがはせん切りにする。
2. 鍋に水、1を入れて中火にかけ、煮立ったらふたをして4～5分煮る。
3. Aで味をととのえ、小ねぎを加える。水溶き片栗粉でとろみをつけてから溶き卵をまわし入れ、卵が浮き上がってきたら火を止める。

「大豆イソフラボンがとれる温活スープ。

コロコロ根菜の豆乳スープ」

材料（たっぷり2人分）

大根 … 4 ～ 5cm（200g）
じゃがいも … 大 1 個
にんじん … 大 ½ 本
ハム … 2 枚
水 … 1と ½ カップ
顆粒コンソメスープの素 … 大さじ 1
無調整豆乳 … 1と ½ カップ
塩、こしょう … 各適量

作り方

1. 大根、じゃがいも、にんじんは 1cm角に切る。ハムは 1cm四方に切る。
2. 鍋に水、1 の野菜を入れて中火にかける。煮立ったらハムを加え、ふたをして弱めの中火で 4 ～ 5 分煮る。
3. コンソメスープの素、豆乳を加えて温め、塩、こしょうで味をととのえる。

人気のサラダチキンを投入！

たっぷり大根のチキンスープ

材料（たっぷり2人分）

大根 … 7cm（約300g）
ザーサイ（味つき・市販）… 30g
サラダチキン … 80g
ごま油 … 大さじ1/2
A｜水 … 2と½カップ
　｜鶏ガラスープの素 … 小さじ2
塩、こしょう … 各適量

作り方

1. 大根は短冊切りにする。ザーサイは粗く刻む。サラダチキンはひと口大のそぎ切りにする。
2. 鍋にごま油を中火で熱し、大根とザーサイを炒める。大根がしんなりしたらAを加え、煮立ったらふたをして弱めの中火で3～4分煮る。
3. サラダチキンを加え、塩、こしょうで味をととのえる。

水の半量を豆乳にして最後に加えても。

大根ともやしの辛うまスープ

材料（たっぷり2人分）

大根 … 4～5cm（約200g）
もやし … ½袋（100g）
ごま油 … 大さじ½
A｜豆板醤 … 小さじ½
　にんにく（チューブ）… 4cm
　長ねぎ（粗みじん切り）… ½本
B｜水 … 3カップ
　鶏ガラスープの素 … 大さじ1
みそ … 大さじ1

作り方

1. 大根は細切りにする。もやしはひげ根を取る。
2. 鍋にごま油を中火で熱し、Aを炒める。香りが出たらBを加え、煮立ったら大根を加え、ふたをして3～4分煮る。
3. みそを溶き入れてもやしを加え、1～2分煮て火を止める。器に盛り、お好みですりごま（黒）をかける。

とろ～り卵でボリュームも満点！

「どっさり大根の葉も食べるみそ汁」

材料（たっぷり2人分）

大根 … 7㎝（300g）
大根の葉 … 80g
卵 … 2個
だし汁 … 3カップ
みそ … 大さじ3

作り方

1. 大根は4㎝長さの細切り、大根の葉は小口切りにする。
2. 鍋にだし汁、大根を入れて中火にかけ、煮立ったら4～5分煮る。
3. 卵を静かに割り入れ、ふたをして2～4分煮る。みそを溶き入れて大根の葉を加え、ひと煮立ちしたら火を止める。

シャキシャキの 大根がどっさり！

風味が落ちたのりでも問題なし！

大根と焼きのりのみそ汁

材料（たっぷり2人分）

大根 … 8cm（約350g）
焼きのり（全形）… ½ 枚
だし汁 … 3カップ
みそ … 大さじ3

作り方

1. 大根は短冊切りにする。
2. 鍋にだし汁、大根を入れて中火にかけ、煮立ったら4～5分煮る。
3. みそを溶き入れ、ひと煮立ちしたら火を止める。器に盛り、焼きのりを手でちぎりながら入れる。

ごぼうから香るおだしが◎。

大根とごぼうの絶品豚汁

材料（たっぷり2人分）

大根 … 6cm（約 260g）
ごぼう … ½ 本
豚バラ薄切り肉 … 100g
小ねぎ … 2 ～ 3 本
だし汁 … 3 カップ
みそ … 大さじ 3

作り方

1. 大根は 5mm厚さのいちょう切り、ごぼうはよく洗って皮を軽くこそげ、斜め薄切りにして水にさらす。豚肉は 3cm幅に切る。小ねぎは小口切りにする。
2. 鍋にだし汁、大根、ごぼう、豚肉を入れて中火にかける。煮立ったらアクを除き、4 ～ 5 分煮る。
3. みそを溶き入れ、小ねぎを加えてひと煮立ちしたら火を止める。器に盛り、お好みで七味唐辛子をふる。

白菜の歯触りがとろとろスープにマッチ！

「白菜とコーンのホワイトスープ」

材料（たっぷり2人分）

白菜 … ⅛株（200g）
玉ねぎ … ¼個
ウインナー … 3本
バター … 15g
薄力粉 … 大さじ1
A｜コーン（クリーム）缶 … 小1缶（180g）
　｜牛乳 … 1と½カップ
　｜顆粒コンソメスープの素 … 大さじ½
塩、こしょう … 各適量

作り方

1. 白菜は細切り、玉ねぎは粗みじん切り、ウインナーは1cm幅の輪切りにする。
2. 鍋にバターを中火で熱し、1を炒める。野菜がしんなりしてきたら、薄力粉を加えて粉っぽさがなくなるまで炒める。
3. Aも加えてよくかき混ぜ、弱めの中火で4～5分煮て、塩、こしょうで味をととのえる。

たっぷり白菜とコーンで大満足！

チューブのにんにくを足しても美味。

白菜と長ねぎのくたくたスープ

材料（たっぷり2人分）

白菜 … ¼ 株（400g）
長ねぎ … ½ 本
ごま油 … 大さじ ½
酒 … 大さじ 2
塩 … 小さじ ¼
A
- 水 … 2 と ½ カップ
- 鶏ガラスープの素 … 小さじ 2
- オイスターソース … 小さじ 1
- こしょう … 適量

作り方

1. 白菜は葉をざく切り、芯を薄いそぎ切りにする。長ねぎは粗みじん切りにする。
2. 鍋にごま油を中火で熱し、長ねぎを炒める。全体に油がまわったら、白菜を芯、葉の順に加えて炒め合わせる。酒、塩を加え、ふたをして弱めの中火で 4 ～ 5 分蒸し煮にする。
3. A を加えてひと煮立ちしたら、火を止める。

焼き豚の代わりにハムでもよし！

白菜のジンジャースープ

材料（たっぷり2人分）

白菜 … ¼ 株（400g）
しょうが … 2 かけ
焼き豚（市販）… 50g
オリーブオイル … 大さじ ½
A｜水 … 3 カップ
　｜固形チキンスープの素 … 1 個
塩、粗びき黒こしょう … 各適量
水溶き片栗粉
　｜片栗粉、水 … 各大さじ 1

作り方

1. 白菜は細切り、しょうがはせん切りにする。焼き豚は細切りにする。
2. 鍋にオリーブオイルを中火で熱し、しょうがを炒める。香りが出たら白菜を芯、葉の順に加え、しんなりするまで炒める。
3. Aを加えて煮立ったら焼き豚を加え、ふたをして 2 〜 3 分煮る。塩で味をととのえ、水溶き片栗粉でとろみをつける。器に盛り、粗びき黒こしょうをふる。

シンプルなのに飽きないうまさ!

「白菜とさつまいものなつかしみそ汁」

材料（たっぷり2人分）

白菜 … 4 枚（250g）
さつまいも … 小 1 本（150g）
小ねぎ … 2 本
だし汁 … 3 カップ
みそ … 大さじ 3

作り方

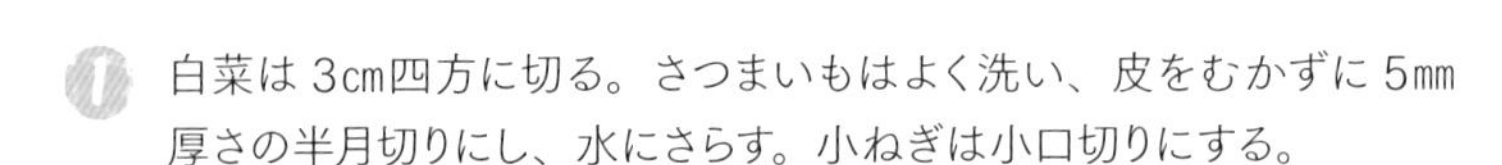

1. 白菜は 3㎝四方に切る。さつまいもはよく洗い、皮をむかずに 5㎜厚さの半月切りにし、水にさらす。小ねぎは小口切りにする。
2. 鍋にだし汁、水けをきったさつまいも、白菜を入れて中火にかけ、煮立ったら 4 ～ 5 分煮る。
3. みそを溶き入れて小ねぎを加え、ひと煮立ちしたら火を止める。

おいものほのかな甘みがベストマッチ！

ごま油とにんにくでパンチを出して。

焦がし白菜としいたけのみそ汁

材料（たっぷり2人分）

白菜 … ¼ 株（400g）
しいたけ … 2 枚
ごま油 … 大さじ ½
にんにく（チューブ）… 4㎝
だし汁 … 3 カップ
みそ … 大さじ 3

作り方

1. 白菜は細切りにする。しいたけは石づきを除き、薄切りにする。
2. 鍋にごま油を強めの中火で熱し、にんにく、白菜を入れて炒める。全体にこんがり焼き色がついたら、しいたけを加えて炒め合わせる。
3. だし汁を加えて煮立ったら、中火にして 2 ～ 3 分煮る。みそを溶き入れ、ひと煮立ちしたら火を止める。

『鮭缶の缶汁も捨てずに使うのがコツ。

白菜と鮭缶の酒粕ポカポカみそ汁』

材料（たっぷり2人分）

白菜 … ¼ 株（400g）
にんじん … ⅓ 本
鮭水煮缶 … 1 缶（140g）
酒粕 … 40g
水 … 3 カップ
みそ … 大さじ 3

作り方

1. 白菜は葉をざく切り、芯は細切りにする。にんじんは短冊切りにする。酒粕は水大さじ 2（分量外）を加えて溶いておく。
2. 鍋に水、白菜、にんじんを入れて中火にかける。煮立ったら鮭水煮缶を大きめにほぐしながら缶汁ごと加え、溶いておいた酒粕も加えて 3 ～ 4 分煮る。
3. みそを溶き入れ、ひと煮立ちしたら火を止める。

きんぴらをスープにアレンジ！

ごはんが進む！きんぴらごぼう風スープ

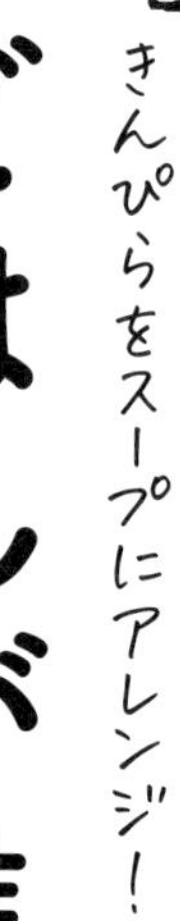

材料（たっぷり2人分）

ごぼう … ⅔本（150g）
にんじん … ⅓本
小ねぎ … 2本
ごま油 … 大さじ½
A　水 … 2と½カップ
　　顆粒和風だしの素 … 小さじ1
しょうゆ … 大さじ2
みりん … 大さじ½

作り方

1. ごぼうは皮を軽くこそげて細切りにし、水にさらして水けをきる。にんじんも細切りにする。小ねぎは1cm長さに切る。
2. 鍋にごま油を中火で熱し、ごぼうとにんじんを炒める。全体に油がまわったらAを加え、煮立ったらふたをして3～4分煮る。
3. 小ねぎを加えてしょうゆ、みりんを加えて火を止める。器に盛り、お好みで七味唐辛子をふる。

噛むたびに根菜のうまみが

口の中で広がる!

マッシュルームはうまみの宝庫！

ささがきごぼうのカレーミルクスープ

材料（たっぷり2人分）

ごぼう … ⅔本（150g）
マッシュルーム … 4～5個
ブロックベーコン … 40g
バター … 10g
水 … 2カップ
A 牛乳 … 1カップ
　顆粒コンソメスープの素 … 大さじ1
　カレー粉 … 小さじ½
　塩、こしょう … 各適量

作り方

1. ごぼうは皮を軽くこそげてささがきにし、水にさらして水けをきる。マッシュルームは石づきを除いて薄切り、ベーコンは1㎝角に切る。
2. 鍋にバターを中火で熱し、1を炒める。全体に油がまわったら水を加え、煮立ったらふたをして弱めの中火で3～4分煮る。
3. Aを加えてかき混ぜ、温める。器に盛り、お好みでパセリのみじん切りをちらす。

シャキシャキのごぼうで満腹感アップ!

『ごぼうと焼きねぎの中華スープ』

材料（たっぷり2人分）

ごぼう … ⅔本（150g）
長ねぎ … ½本
ごま油 … 大さじ½
A 水 … 3カップ
　にんにく（チューブ）… 4cm
　鶏ガラスープの素 … 大さじ1
塩、こしょう … 各適量

作り方

1. ごぼうは皮を軽くこそげて斜め薄切りにし、水にさらす。長ねぎは3cm長さに切る。
2. 鍋にごま油を中火で熱し、長ねぎを転がしながら全体に焼き色がつくまで焼く。
3. A、水けをきったごぼうを加えて煮立ったら、ふたをして弱めの中火で4〜5分煮て、塩、こしょうで味をととのえる。

ごぼう

五臓六腑にしみわたる！「たっぷり根菜のごま豆乳みそ汁」

材料（たっぷり2人分）

ごぼう … ⅔本（150g）
にんじん … ⅓本
油揚げ … ½枚
だし汁 … 2カップ
無調整豆乳 … 1カップ
みそ … 大さじ3
すりごま（白）… 大さじ1

作り方

1. ごぼうは皮を軽くこそげて細切りにし、水にさらして水けをきる。にんじんも細切りにする。油揚げは半分に切ってから1cm幅に切る。
2. 鍋にだし汁、ごぼう、にんじんを入れて中火にかけ、煮立ったら3～4分煮る。
3. 油揚げ、豆乳を加えて煮立たせないように温める。みそを溶き入れ、すりごまを加えて火を止める。

ごぼうとにんじんをお手軽に消費！

きぬさやで甘みと彩りを添えて。

『ひらひらごぼうと きぬさやのみそ汁』

材料（たっぷり2人分）

ごぼう … ⅔本（150g）
きぬさや … 8～10枚
だし汁 … 3カップ
みそ … 大さじ3

作り方

1. ごぼうは皮を軽くこそげ、ピーラーでリボン状に薄切りにし、水にさらして水けをきる。きぬさやはへたと筋を取り、斜め3～4等分に切る。
2. 鍋にだし汁、ごぼうを入れて中火にかけ、煮立ったら4～5分煮る。
3. きぬさやを加えてみそを溶き入れ、ひと煮立したら火を止める

ごぼう

揚げ玉の代わりに油揚げもおすすめ。

ごぼうとえのきの揚げ玉みそ汁

材料（たっぷり2人分）

ごぼう … ⅔本（150g）
えのきたけ … 小1パック
揚げ玉 … 大さじ3
だし汁 … 3カップ
みそ … 大さじ3

作り方

1. ごぼうは皮を軽くこそげて細切りにし、水にさらして水けをきる。えのきたけは根元を切り落とし、3等分に切る。
2. 鍋にだし汁、ごぼうを入れて中火にかけ、煮立ったら3～4分煮る。
3. えのきたけを加えて1～2分煮る。みそを溶き入れて揚げ玉を加え、火を止める。

カレー粉で炒めるのがコツ。

かぶと豆のホテル風トマトスープ

材料（たっぷり2人分）

かぶ … 3個
ミックスビーンズ … 1パック（100g）
スライスベーコン … 2枚
オリーブオイル … 大さじ½
カレー粉 … 小さじ⅓
A
- トマトジュース（無塩）… 1と½カップ
- 水 … 1カップ
- 顆粒コンソメスープの素 … 大さじ½
- 砂糖 … 小さじ½
- 塩 … 小さじ¼
- こしょう … 適量

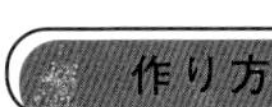

1. かぶは茎を少し残して皮をむき、くし形切りにする。ベーコンは1cm幅に切る。
2. 鍋にオリーブオイルを中火で熱し、ベーコン、かぶを炒める。油がまわったらカレー粉を加えて1～2分炒める。
3. ミックスビーンズ、Aを加え、ふたをして弱めの中火で5～6分煮る。

ウインナー入りで子どもでも食べやすい！

かぶとじゃがいものミルクスープ

材料（たっぷり2人分）

- かぶの実 … 3 個
- かぶの葉 … 1 個分
- じゃがいも … 1 個
- ウインナー … 2 本
- バター … 15g
- A
  - 水 … 1と ½ カップ
  - 顆粒コンソメスープの素 … 小さじ 2
- 牛乳 … 1 カップ
- 塩 … 小さじ ¼

作り方

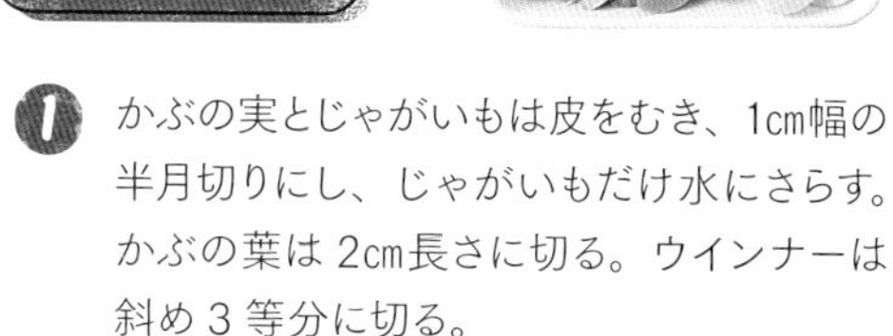

1. かぶの実とじゃがいもは皮をむき、1cm幅の半月切りにし、じゃがいもだけ水にさらす。かぶの葉は 2cm長さに切る。ウインナーは斜め 3 等分に切る。
2. 鍋にバターを中火で熱し、かぶの実、じゃがいも、ウインナーを焼く。全体に焼き色がついたらAを加え、ふたをして弱めの中火で 3 ～ 4 分煮る。
3. かぶの葉を加えて 1 ～ 2 分煮る。牛乳を加え、塩で味をととのえる。

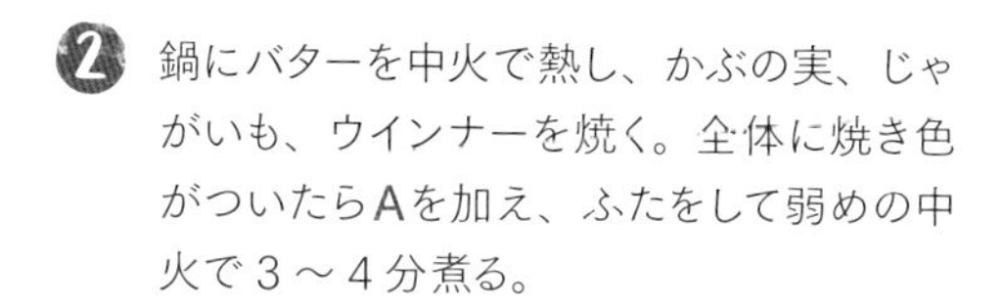

ヤングコーンのサクッとした食感が楽しい!

かぶとかぶの葉のみそ汁

材料（たっぷり2人分）

かぶの実 … 3 個
かぶの葉 … 1 個分
ヤングコーン水煮
… 1 パック（5 ～ 6 本）
だし汁 … 3 カップ
みそ … 大さじ 3

作り方

1. かぶの実は皮をむいて乱切りにする。かぶの葉は 2㎝長さに切る。ヤングコーンは 2 ～ 3 等分に切る。
2. 鍋にだし汁、かぶの実を入れて中火にかけ、煮立ったら 3 ～ 4 分煮る。
3. ヤングコーンを加えてみそを溶き入れる。かぶの葉を加え、ひと煮立ちしたら火を止める。

わかめはめかぶにチェンジしても。

「かぶと水菜のゴロゴロみそ汁」

材料（たっぷり2人分）

かぶ … 3 個
水菜 … 2 ～ 3 株
カットわかめ（乾燥）… 5g
だし汁 … 3 カップ
みそ … 大さじ 3

作り方

1. かぶは 1cm茎を残して皮をむき、くし形切りにする。水菜は根元を切り落とし、4cm長さに切る。
2. 鍋にだし汁、かぶを入れて中火にかけ、煮立ったら 3 ～ 4 分煮る。
3. 水菜、カットわかめを加えて 2 分ほど煮る。みそを溶き入れ、ひと煮立ちしたら火を止める。

ざくっとつぶしてミキサーいらず！

「つぶしブロッコリーのポタージュ風」

材料（たっぷり2人分）

ブロッコリー … 小１株
玉ねぎ … ½ 個
バター … 15g
A　水 … ２カップ
　　固形コンソメスープの素 … １個
B　牛乳、生クリーム … 各 ½ カップ
　　粉チーズ … 大さじ１と ½
塩、こしょう … 各少々

作り方

1. ブロッコリーは小房に分け、茎は粗いみじん切りにする。玉ねぎは薄切りにする。
2. 鍋にバターを中火で熱し、玉ねぎを炒める。２分ほど炒めてしんなりしてきたら、ブロッコリーを加えて炒め合わせる。
3. Ａを加えて煮立ったら、ふたをして弱めの中火で７～８分煮る。フォークかへらで粗くつぶし、Ｂを加えて温め、塩、こしょうで味をととのえる。

ブロッコリー1株、茎まで使いたおす！

「ビタミンたっぷりでヘルシー！

ブロッコリーとミニトマトのコンソメスープ」

材料（たっぷり2人分）

ブロッコリー … 大 ½ 株
ミニトマト … 5 個
にんにく … ½ かけ
スライスベーコン … 2 枚
オリーブオイル … 大さじ ½
A 水 … 3 カップ
　顆粒コンソメスープの素 … 大さじ 1
塩、こしょう … 各適量

作り方

1. ブロッコリーは小さめの小房に分ける。ミニトマトは縦半分に切り、にんにくは薄切りにする。ベーコンは 1cm四方に切る。
2. 鍋にオリーブオイル、にんにくを入れて中火にかけ、香りが出たらベーコン、ブロッコリーを加えて炒める。
3. 全体に油がまわったら A を加え、煮立ったらミニトマトを加えて 2 ～ 3 分煮て、塩、こしょうで味をととのえる。

かぼちゃのやさしい甘さが光る!

「ブロッコリーとかぼちゃの豆乳みそスープ」

材料（たっぷり2人分）

ブロッコリー … 大 ½ 株
かぼちゃ … ⅛ 個（100g）
ウインナー … 2 本
A　水 … 2 カップ
　　鶏ガラスープの素 … 小さじ 2
無調整豆乳 … 1 カップ
みそ … 小さじ 2

作り方

1. ブロッコリーは小さめの小房に分ける。かぼちゃは種とわたを取り、小さめのひと口大に切る。ウインナーは1cm厚さに切る。
2. 鍋にA、ウインナー、かぼちゃを入れて中火にかけ、煮立ったらブロッコリーも加えて4～5分煮る。
3. 豆乳を加えてみそを溶き入れ、温める。

マッシュルームが想像以上に合う!

「ブロッコリーとアボカドのグリーンみそ汁」

材料（たっぷり2人分）

ブロッコリー … 大½株
アボカド … 1個
マッシュルーム … 4個
だし汁 … 3カップ
みそ … 大さじ3

作り方

1. ブロッコリーは小さめの小房に分け、茎は薄切りにする。アボカドは皮と種を取り、2cm角に切る。マッシュルームは石づきを除き、4等分に切る。
2. 鍋にだし汁、マッシュルームを入れて中火にかけ、煮立ったらブロッコリーを加えて2～3分煮る。
3. みそを溶き入れ、アボカドを加えてひと煮立ちしたら火を止める。

ごまや粉チーズをかけても◎。

ブロッコリーと玉ねぎのみそ汁

材料（たっぷり2人分）

ブロッコリー … 大½株
玉ねぎ … ½個
油揚げ … ½枚
だし汁 … 3カップ
みそ … 大さじ3

作り方

1. ブロッコリーは小さめの小房に分ける。玉ねぎは薄切りにする。油揚げは半分に切ってから1㎝幅に切る。
2. 鍋にだし汁、ブロッコリー、玉ねぎを入れて中火にかけ、煮立ったら2～3分煮る。
3. 油揚げを加えてみそを溶き入れ、ひと煮立ちしたら火を止める。

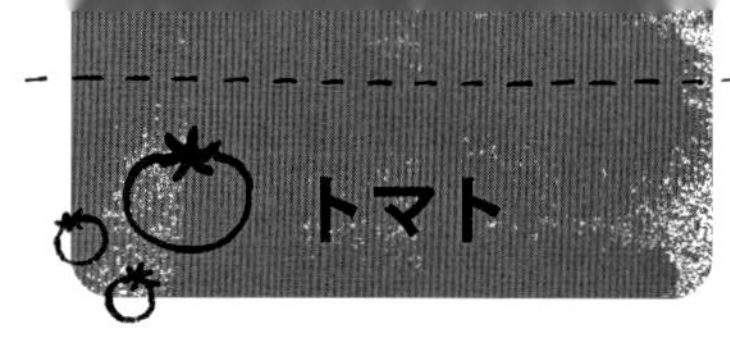

リコピンは加熱すると吸収率アップ!

「完熟トマトのチーズスープ」

材料（たっぷり2人分）

トマト … 3個
玉ねぎ … ½個
にんにく … 1かけ
蒸し大豆 … 1パック（100g）
バター … 15g
A
- 水 … 2と½カップ
- 固形チキンスープの素 … 1個
- トマトケチャップ … 大さじ1
- しょうゆ … 小さじ1

溶けるチーズ（生食用）… 30g

作り方

1. トマトはざく切り、玉ねぎとにんにくは粗みじん切りにする。
2. 鍋にバターを中火で熱し、にんにく、玉ねぎを炒める。香りが出て玉ねぎが透き通ってきたら、トマト、蒸し大豆、Aを加え、ふたをして弱めの中火で6〜8分煮る。
3. 器に2を盛り、熱いうちに溶けるチーズをのせ、お好みでパセリのみじん切りをちらす。

トマト3個の*うまみがギュッ！*

塩麹とコンソメで味が決まる!

ミニトマトとアボカドの塩麹スープ

材料（たっぷり2人分）

ミニトマト … 10 個
アボカド … 1 個
玉ねぎ … ¼ 個
オリーブオイル … 大さじ ½
A ｜水 … 2 と ½ カップ
　｜塩麹 … 大さじ 1 と ½
　｜顆粒コンソメスープの素 … 大さじ ½
　｜こしょう … 少々

作り方

1. ミニトマトは横半分に切る。アボカドは種と皮を除き、2㎝角に切る。玉ねぎは薄切りにする。
2. 鍋にオリーブオイルを中火で熱し、玉ねぎを炒める。しんなりしてきたらAを加え、煮立ったらミニトマト、アボカドを加えて 2 ～ 3 分煮る。

冷蔵庫で冷やしてもうまうま！

まるごとトマトの塩昆布スープ

材料（たっぷり2人分）

トマト … 2個
小ねぎ … 2本
A
- だし汁 … 3カップ
- 塩昆布 … 5g
- しょうゆ … 大さじ½
- 塩 … 小さじ¼

作り方

1. トマトはへたをくり抜き、反対側に十文字に浅く切り込みを入れる。小ねぎは小口切りにする。
2. 鍋にAを入れて中火にかけ、煮立ったらトマトを加えて4～5分煮る。
3. トマトの皮を取り除いて汁ごと器に盛り、煮汁をかけて小ねぎをちらす。

『オクラのネバネバとも相性バッチリ!

ミニトマトとオクラのさわやかみそ汁』

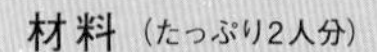

材料（たっぷり2人分）

ミニトマト … 6 個
オクラ … 5 ～ 6 本
まいたけ … ½ パック
だし汁 … 3 カップ
みそ … 大さじ 3

作り方

1. オクラは塩（分量外）をまぶして手でこすり合わせ、水で洗って斜め 3 ～ 4 等分に切る。ミニトマトは縦半分に切る。まいたけは小房に分ける。
2. 鍋にだし汁、まいたけを入れて中火にかける。煮立ったらオクラ、ミニトマトの順に加え、1 ～ 2 分煮る。
3. みそを溶き入れ、ひと煮立ちしたら火を止める。

オリーブオイルの香りがふわっ!

トマトと玉ねぎの洋風みそ汁

材料（たっぷり2人分）

- トマト … 2個
- 玉ねぎ … ½個
- だし汁 … 3カップ
- みそ … 大さじ3
- オリーブオイル … 大さじ½
- 粗びき黒こしょう … 適量

作り方

1. トマトは2cm角に切る。玉ねぎは薄切りにする。
2. 鍋にだし汁、玉ねぎを入れて中火にかけ、煮立ったら2〜3分煮る。
3. トマトを加えて2分煮る。みそを溶き入れ、ひと煮立ちしたら火を止める。器に盛り、オリーブオイルをたらし、粗びき黒こしょうをふる。

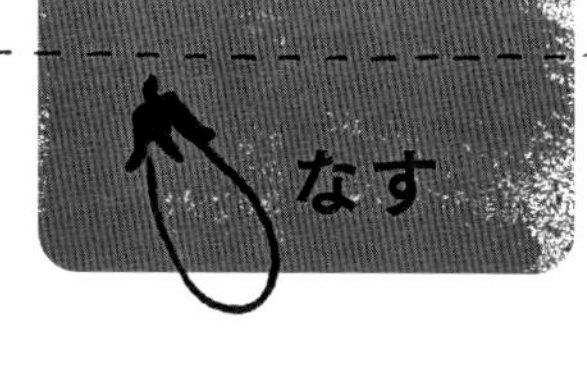

オレンジ色は元気の印！

「なすとパプリカのトマトスープ」

材料（たっぷり2人分）

なす … 3本
パプリカ（黄）… ½個
トマト … 1個
スライスベーコン … 1枚
オリーブオイル … 大さじ1
A ｜水 … 2と½カップ
　｜顆粒コンソメスープの素 … 小さじ2
塩、こしょう … 各適量

作り方

1. なすは2cm角に切り、塩水（水2カップ・塩小さじ2／分量外）にさらす。パプリカはへたと種を取り、2cm角に切る。トマトは大きめのざく切りにする。ベーコンは1cm幅に切る。
2. 鍋にオリーブオイルを中火で熱し、ベーコンを炒める。焼き色がついたら水けをきったなす、パプリカを加えて炒め合わせる。
3. 全体がしんなりしたら、トマト、Aを加える。煮立ったらふたをして弱めの中火でときどき混ぜながら4～5分煮て、塩、こしょうで味をととのえる。器に盛り、お好みで粉チーズをかける。

ひと皿で 野菜 250g 以上！

「野菜は煮込まずお手軽に！
なすの冷や汁風スープ」

材料（たっぷり2人分）

なす … 3 本
青じそ … 4 枚
みょうが … 2 個
A
- みそ … 大さじ 3
- 梅干し（種を除いてたたく）… 1 個
- かつお節 … 1 パック
- ツナ油漬け缶 … 小 ½ 缶（35g）

だし汁（濃いめ）… 2 と ½ カップ

作り方

1. フライパンに A を入れてよく混ぜる。強めの中火にかけ、ときどき混ぜながら、少し焼き色がつくまで焼く。
2. なすは薄い輪切りにし、塩水（水 2 カップ・塩小さじ 2 ／分量外）にしばらくつけ、水けをよく絞る。青じそはせん切り、みょうがは小口切りにする。
3. だし汁に1を加えてよく溶かし、2 も加えて冷蔵庫で冷やしてから食べる。

「バターで炒めてコクうまに。
やわらかなすのコンソメスープ」

材料（たっぷり2人分）

なす … 3 本
玉ねぎ … ½ 個
にんにく … ½ かけ
バター … 15g
A　水 … 2 と ½ カップ
　　顆粒コンソメスープの素 … 小さじ 2
塩 … 適量

作り方

1. なすはピーラーで皮をむき、1㎝幅の輪切りにして水にさらす。玉ねぎは繊維を断ち切るようにして 5 ㎜幅に切る。にんにくは薄切りにする。
2. 鍋にバター、にんにくを中火で熱し、香りが出たら玉ねぎを炒める。玉ねぎが透き通ってきたら、水けをきったなすを加えてしんなりするまで炒める。
3. A を加えて煮立ったら、ふたをして弱めの中火で 5 ～ 6 分煮て、塩で味をととのえる。器に盛り、お好みで粗びき黒こしょうをふる。

ごま油のコクでペロリといける！

「炒めなすと長ねぎのみそ汁」

材料（たっぷり2人分）

なす … 3 本
長ねぎ … ½ 本
ごま油 … 大さじ 1
だし汁 … 3 カップ
みそ … 大さじ 3

作り方

1. なすは小さめの乱切りにして水にさらす。長ねぎは小口切りにする。
2. 鍋にごま油を中火で熱し、水けをきったなすを炒める。全体に油がまわったら、だし汁を加える。
3. 煮立ったら 4 ～ 5 分煮て、みそを溶き入れる。長ねぎを加え、ひと煮立ちしたら火を止める。

無限なす のみそ汁バージョン！

『みょうがの香りがさわやか。
なすとみょうがのみそ汁』

材料（たっぷり2人分）

なす … 3 本
みょうが … 2 〜 3 個
だし汁 … 3 カップ
みそ … 大さじ 3

作り方

1. なすは 1cm厚さの輪切りにして水にさらす。みょうがは小口切りにする。
2. 鍋にだし汁、水けをきったなすを入れて中火にかけ、煮立ったら 4 〜 5 分煮る。みょうがを加えてみそを溶き入れ、ひと煮立ちしたら火を止める。器に盛り、お好みで七味唐辛子をふる。

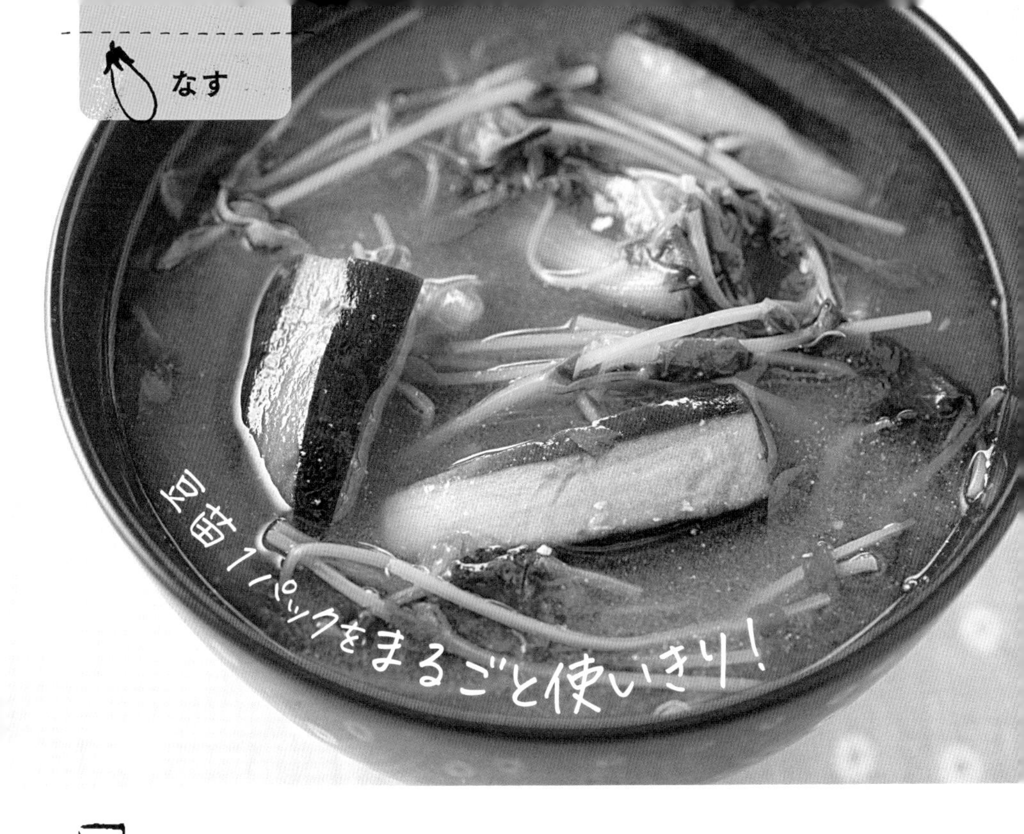

豆苗の代わりにかいわれ菜でも。

なすと豆苗の健康みそ汁

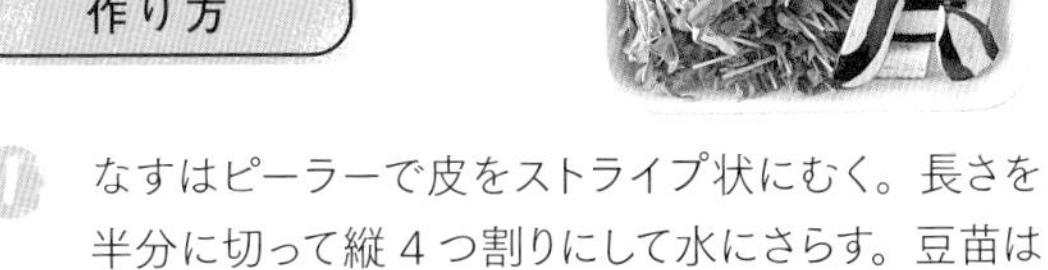

材料（たっぷり2人分）

なす … 2本
豆苗 … 1パック
だし汁 … 3カップ
みそ … 大さじ3

作り方

1. なすはピーラーで皮をストライプ状にむく。長さを半分に切って縦4つ割りにして水にさらす。豆苗は根元を切り落とし、長さを2～3等分に切る。
2. 鍋にだし汁、水けをきったなすを入れて中火にかけ、煮立ったら4～5分煮る。豆苗を加えて2分ほど煮たら、みそを溶き入れ、ひと煮立ちしたら火を止める。

アスパラのお手軽クラムチャウダー

材料（たっぷり2人分）

アスパラガス … 1束（5本）
玉ねぎ … ½個
じゃがいも … 1個
あさり水煮缶 … 1缶（85g）
オリーブオイル … 大さじ½
A | 白ワイン（または酒）… 大さじ2
水 … 1と½カップ
顆粒コンソメスープの素 … 小さじ1
牛乳 … 1と½カップ
塩、こしょう … 各適量

作り方

1. アスパラガスは根元のかたい皮をピーラーでむき、2cm長さに切る。玉ねぎとじゃがいもは1.5cm角に切り、じゃがいもは水にさらす。あさり水煮缶は缶汁と身に分ける。
2. 鍋にオリーブオイルを中火で熱し、玉ねぎ、水けをきったじゃがいもを炒める。玉ねぎが透き通ってきたらあさり水煮の缶汁、Aを加え、煮立ったらアクを取り、ふたをして弱めの中火で3～4分煮る。
3. アスパラガス、あさりの身を加えて2～3分煮る。牛乳を加えて温め、塩、こしょうで味をととのえる。

みずみずしいアスパラがたっぷり！

落とし卵をくずして召し上がれ！

アスパラと枝豆のガーリックスープ

材料（たっぷり2人分）

アスパラガス … 1束（5本）
むき枝豆（冷凍）… 100g
にんにく … 1かけ
卵 … 2個
オリーブオイル … 大さじ½
A　水 … 2と½カップ
　　顆粒コンソメスープの素 … 小さじ2
　　塩 … 適量

作り方

1. アスパラガスは根元のかたい皮をピーラーでむき、2cm幅に切る。にんにくは薄切りにする。
2. 鍋にオリーブオイル、にんにくを中火で熱し、香りが出て少し色づいたら、アスパラガスを加えて1分炒める。
3. A、枝豆を加えて煮立ったら、2分煮る。卵を静かに割り入れ、ふたをして2～4分煮て火を止める。器に盛り、お好みで粗びき黒こしょうをふる。

「さっと煮でアスパラの歯ごたえを楽しんで。

アスパラと長ねぎの中華スープ」

材料（たっぷり2人分）

アスパラガス … 1束（5本）
長ねぎ … ½本
A | 水 … 2と½カップ
鶏ガラスープの素 … 小さじ2
しょうが（チューブ）… 4cm
しょうゆ … 大さじ½
ごま油 … 適量

作り方

1. アスパラガスは根元のかたい皮をピーラーでむき、5等分に切る。長ねぎは4cm長さの細切りにする。
2. 鍋にAを入れて中火にかけ、煮立ったらアスパラガスを加えて2～3分煮る。長ねぎを加え、しょうゆで味をととのえる。器に盛り、ごま油をたらす。

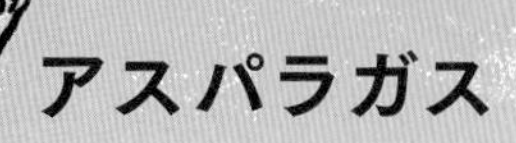

アスパラとキャベツがモリモリ!

「アスパラのカレーバターみそ汁」

材料（たっぷり2人分）

アスパラガス … 1束（5本）
キャベツ … 3～4枚
だし汁 … 3カップ
みそ … 大さじ3
バター … 10g
カレー粉 … 少々

作り方

1. アスパラガスは根元のかたい皮をピーラーでむき、5㎝長さに切る。キャベツはざく切りにする。
2. 鍋にだし汁、キャベツを入れて中火にかけ、煮立ったらアスパラガスを加えて3～4分煮る。
3. みそを溶き入れ、ひと煮立ちしたら火を止める。器に盛り、バターをのせ、カレー粉をふる。

バター＋カレー粉は クセになる！

じゃがいもは細切りで時短に！

「アスパラとじゃがいものビタミンみそ汁」

材料（たっぷり2人分）

アスパラガス … 1束（5本）
じゃがいも … 1個
だし汁 … 3カップ
みそ … 大さじ3

作り方

1. アスパラガスは根元のかたい皮をピーラーでむき、斜め5cm長さに切る。じゃがいもは皮をむき、細切りにして水にさらす。
2. 鍋にだし汁、水けをきったじゃがいもを入れて中火にかけ、煮立ったら3～4分煮る。
3. アスパラガスを加えて2分ほど煮る。みそを溶き入れ、ひと煮立ちしたら火を止める。

「洋風野菜でレパートリーが広がる。

アスパラとちぎり豆腐のみそ汁」

材料（たっぷり2人分）

アスパラガス … 1束（5本）
玉ねぎ … ½個
木綿豆腐 … 小1丁（200g）
だし汁 … 3カップ
みそ … 大さじ3

作り方

1. アスパラガスは根元のかたい皮をピーラーでむき、3cm長さに切る。玉ねぎはくし形切りにする。
2. 鍋にだし汁を入れて中火にかけ、煮立ったら玉ねぎ、アスパラガスを加えて3〜4分煮る。
3. 豆腐を手でひと口大にちぎって加える。みそを溶き入れ、ひと煮立ちしたら火を止める。

＼ 朝10分で完成！ ／

野菜のスープジャー弁当

スープジャーの魅力はランチタイムにあったかいスープがおいしく食べられるところ！
さらにジャーの保温効果を活用すれば、持ち運ぶ間に火が通るので、忙しい朝は
さっと煮るだけでOK！　野菜不足も解消できます。

「カフェ風ミネストローネ」

粉チーズを持参しても。

材料（1人分・300mℓ）

玉ねぎ … ½個
キャベツ … 大1枚
セロリ … 5cm
スライスベーコン … 1枚
オリーブオイル … 大さじ½
A　水 … 1と¼カップ
　　顆粒コンソメスープの素 … 小さじ1
　　トマトケチャップ … 大さじ½
塩、こしょう … 各適量

作り方

1. 玉ねぎ、キャベツは1cm角に切り、セロリは筋を取って薄切りにする。ベーコンは1cm四方に切る。
2. 鍋にオリーブオイルを中火で熱し、ベーコン、玉ねぎ、セロリを炒める。玉ねぎが透き通ってきたら、キャベツも加えてしんなりするまで炒める。
3. Aを加えて煮立ったら、ふたをして弱めの中火で3〜4分煮る。塩、こしょうで味をととのえ、ジャーに移す。

☑ おいしく食べるコツ

ジャーにスープを入れる前に熱湯を注ぎ、あらかじめしっかり温めてからスープを移すのがポイント。

あったかスープでしあわせ♡

お昼の野菜不足を解消！

お好みのきのこを組み合わせてもOK！

きのこのホワイトシチュー風

材料（1人分・300㎖）

マッシュルーム … 3個
しめじ … ½ パック（50g）
エリンギ … ½ 本
ハム … 2枚
バター … 15g
薄力粉 … 大さじ1
牛乳 … 1と ¼ カップ
A 顆粒コンソメスープの素 … 小さじ1
　粉チーズ … 大さじ1
　塩、こしょう … 各適量

作り方

1. きのこは石づきを除き、マッシュルームは4つ割り、しめじは小房に分け、エリンギは縦薄切りにする。ハムは半分に切ってから1cm幅に切る。
2. 鍋にバターを中火で熱し、1のきのこを炒める。しんなりしてきたらハムを加えて炒め合わせ、薄力粉を加えて粉っぽさがなくなるまで炒める。
3. 牛乳を少しずつ加えて軽く煮立たせ、とろみがついてきたらAで調味し、ジャーに移す。

コロコロの根菜で食べごたえあり～

「みそで深みを出すのがコツ。
根菜のラタトゥイユ風スープ」

材料（1人分・300mℓ）

れんこん … 4cm（80g）
ごぼう … 6cm（40g）
ウインナー … 2本
オリーブオイル … 大さじ½
A
- トマトジュース（無塩）… ¾カップ
- 水 … ½カップ
- 顆粒コンソメスープの素、砂糖、みそ … 各小さじ1

作り方

1. れんこんは皮をむき、ごぼうは皮を軽くこそげ、どちらも小さめの乱切りにして水にさらす。ウインナーは斜め4等分に切る。
2. 鍋にオリーブオイルを中火で熱し、水けをきったれんこん、ごぼうを炒める。全体に軽く焼き色がついたら、ウインナーも加えて炒め合わせる。
3. Aを加えて煮立ったら、ふたをして弱めの中火で4～5分煮て、ジャーに移す。

『このスープに塩むすびがあれば大満足!
トマトキムチの卵スープ』

材料（1人分・300㎖）

トマト … 1個
長ねぎ … 5㎝
白菜キムチ … 50g
卵 … 1個
ごま油 … 大さじ½
A | 水 … 1カップ
　| しょうゆ … 小さじ1
　| 塩、砂糖 … 各小さじ¼

作り方

1. トマトはざく切り、長ねぎは斜め薄切りにする。
2. 鍋にごま油を中火で熱し、白菜キムチ、長ねぎを炒める。香りが出たらAを加え、煮立ったらトマトを加えて2～3分煮る。
3. 溶き卵を加えて浮き上がってきたら火を止め、ジャーに移す。

春雨はお昼を待つ間に火が通る!

「チンゲン菜の豆乳春雨スープ」

材料（1人分・300mℓ）

チンゲン菜 … 大1株
しいたけ … 1枚
春雨（ショートタイプ）… 20g
だし汁 … 1カップ
無調整豆乳 … ¼ カップ
みそ … 小さじ2

作り方

1. チンゲン菜は葉をざく切り、軸を半分に切ってから細切りにする。しいたけは石づきを除き、薄切りにする。
2. 鍋にだし汁、しいたけを入れて中火にかけ、煮立ったらチンゲン菜を軸、葉の順に加えて2〜3分煮る。
3. 豆乳を加えてみそを溶き入れ、春雨を加えてひと煮立ちしたら、ジャーに移す。

味つけはコンソメの素でシンプルに！

「いんげんとにんじんのコンソメスープ」

材料（1人分・300mℓ）

さやいんげん … 5本
にんじん … 4cm
コーン（ホール）缶 … 大さじ2

A | 水 … 1と¼カップ
　| 顆粒コンソメスープの素 … 小さじ1

塩、こしょう … 各適量

作り方

1. さやいんげんは長さを3等分に切る。にんじんは4cm長さの細切りにする。コーン缶は缶汁をきる。
2. 鍋にAを入れて中火にかけ、煮立ったらさやいんげん、にんじんを加えてふたをして2～3分煮る。
3. コーンを加え、塩、こしょうで味をととのえ、ジャーに移す。

こってりおかずの相棒に！

白菜と大根の白い中華スープ

材料（1人分・300mℓ）

白菜 … 大1枚（150g）
大根 … 2～3cm（100g）
A | 水 … ¾ カップ
　| 鶏ガラスープの素 … 大さじ ½
　| しょうが（チューブ）… 4cm
牛乳 … ½ カップ
塩、こしょう … 各適量

作り方

1. 白菜は1.5cm幅の細切り、大根はいちょう切りにする。
2. 鍋にA、大根を入れて中火にかけ、煮立ったら白菜を芯、葉の順に加えてふたをして弱めの中火で3～4分煮る。牛乳を加えて温め、塩、こしょうで味をととのえ、ジャーに移す。

素材別さくいん

【野菜・野菜加工品・果物】

PROFILE

著者

倉橋利江

くらはし　としえ

Toshie Kurahashi

料理上手な母の影響で、小学生の頃から台所に立って料理を覚える。料理編集者として出版社に勤務し、編集長として料理ムックの発行を多数手がけ、さらに大手出版社で料理雑誌の編集に携わったのちフリー編集者に。独立後、これまでに75冊以上の料理書籍やムックを担当し、数々のヒット商品を送り出す。20年近くの編集経験から、料理家と読者の間をつなぐ存在でありたいと思い、仕事で学んだプロのコツと独自のアイデアを組み合わせた「手に入りやすい食材で、作りやすく、恋しくなるレシピ」を考案している。著書には第6回料理レシピ本大賞【料理部門】入賞の『作りおき＆帰って10分おかず336』ほか、『作りおき＆朝7分お弁当312』『やせる！作りおき＆帰って10分おかず330』『ラクしておいしい！ かんたん冷凍作りおき』（いずれも新星出版社）がある。

STAFF

アートディレクション・デザイン
小椋由佳

撮影
松久幸太郎

スタイリング
宮澤由香

調理アシスタント
伊藤美枝子

イラスト
木波本陽子

校正
高柳涼子

企画
宮下舞子

構成・文・編集
倉橋利江

器協力　UTUWA

野菜はスープとみそ汁でとればいい

2020年 9 月25日　初版発行
2024年 9 月15日　第24刷発行

著　者　倉　橋　利　江
発行者　富　永　靖　弘
印刷所　公和印刷株式会社

発行所　東京都台東区 台東2丁目24　株式会社　新星出版社
〒110-0016　☎03(3831)0743

ISBN978-4-405-09389-8